Sjælens tale

Sjælens tale

Raghad Matani

Sjælens tale

© 2019 Raghad Matani
Forlag: BoD – Books on Demand, København, Danmark
Tryk: BoD – Books on Demand, Norderstedt, Tyskland
ISBN: 9788743011866

Virkeligheden er,

at GLÆDEN er midlertidigt,

at TRISTHEDEN er midlertidigt,

at TRÆTHEDEN er midlertidigt,

at KÆRLIGHEDEN er midlertidigt,

at ALT er midlertidigt,

og det gør jo,

at vi prøver at finde glæden i det,

som gør ondt

Livet er en forbindelse mellem dig og dets Skaber - ellers er det bare en rejse, hvor du finder dig selv, når du indser din værdi

Perfekte mennesker. Perfekte liv. Perfekte livsstunder. Perfekte facade.

Da vi tror, det er definitionen af glæden. Vi tror, at vi kan se glæden i det perfekte. Derfor bliver målet det perfekte liv.

Virkeligheden er, at glæden ikke er i overensstemmelse med det perfekte.

Glæden er en lille størrelse man mærker.

Hvis du ikke kan blive taknemmelig. Så skyldes det din søgen efter ting - store ting, og dette vil jo undlade dig til at tænke på, hvad nu, hvis du ikke kunne trække vejret optimalt.

Hvert åndedræt er en stor nåde fra Gud. Hvert skridt vi tager, er en stor nåde. Hvert kram vi giver, er en stor nåde. Det skal vi ikke tage for givet.

Det bliver svært at finde taknemmeligheden i det, som er midlertidig. Vi ved, at en bil vil blive forældet, og vi ved, at et hus ikke altid vil være det nyeste, og det samme med et velfungerende firma, som igen og igen kommer til at opleve underskud og overskud.

Virkeligheden er, at det er vores menneskelige principper, som varer ved, og det er det, som gør os i stand til at stå udenfor sengen, og det er dem, som får os til at indse, at vi er værdige til at være taknemmelige i de mindste ting og smil.

,

Kig udenfor. Kig på naturen. Det smukkeste og største naturlige maleri. Har du nogensinde indset, at dine bekymringer vil forsvinde mellem maleriet. Du vil indse, at det umulige er muligt. Alt, som dine øjne ser, er et resultat af, hvad Gud kan gøre for dig - i de mindste detaljer.

Intentionen er vigtigst. At prøve er også vigtigt. Hvis det mislykkedes, så klap dig selv stadig i skulderen. Du har taget

det første skridt, hvor du ikke har ladet frygten tage over. Intentionerne skal være gode. Ens prøvelse er det næste skridt. Resten skal nok komme - og gode ting tager tid.

Har du nogensinde tænkt over, at der måske er noget, som har stået bag din ryg, mens alt var ved at falde sammen. At der er noget, som var tæt på, og som har lyttet til dit hjerte, mens du inderst inde græd. Har du nogensinde tænkt over, at der er en stor og uhyggelig sammenhæng i vores liv, som alt ligger i skæbnen, der er skrevet. Er der mon noget, som er større og, som styrer det hele?

Menneskets værdighed beskytter mennesket i sig selv. Mennesket har et behov for beskyttelse - og det finder den i sin værdighed. Det tænker vi desværre ikke på, når vi står foran mennesket. Vores svar er altid henvist til værdigheden.

Vær som solen. Solen er altid der, mens den gemmer sig bag skyerne, og den sørger for at give varme og glæde fra en lang afstand. Mennesket kan ved hjælp af sin moral give glæde, selvom det ikke altid er til stede. Du er husket. Du lader det andet menneske glæde sig til at møde dig igen. Vær som solen.

Du er stadig et menneske med hjertet på rette sted, hvis du stadig føler, at du har det dårligt over, at et andet menneske har taget skade af dine ord. Du bliver dog endnu mere velkomment, hvis du også tager skylden. Det er den lyd, som du hører fra din samvittighed.

Kan du huske, da du løb over til din far og mor for at mærke kærligheden, og du snublede imens, da du var ret lille. Du havde den ønske at modtage kærligheden. Du frygtede for at vokse og blive voksen, og at der er en anden, som vil tage din plads. Virkeligheden er, at kærligheden er ikke en størrelse, der bliver målt på. Kærligheden er stor, uanset hvor lidt man mærker det.

Nu er du blevet ældre, hvor du ikke længere går eller kravler for at mærke den, nu ønsker du selv at se et lille barn, som du kan give kærligheden til.

Kærlighed avler kærlighed. Det er ikke noget, som skal avle frygt, for du mærker den ved at få den eller ved at give den. Kærlighed er kærlighed, hvis det er sandt.

14

Vi har følt, hvordan hvert lille indgreb gør ondt i vores liv. Det fungerer alligevel som en torn, der skal danne vores personlig stærke del.

Styrken er noget, som kommer til, når dit eneste valg er at have tålmodighed (Sabr).

Hvorfor løber vi efter noget, som er midlertidigt? Vi kan vælge at kravle efter noget, som gør os til bedre mennesker. Det gode bliver anset som noget, der skal gives en guddommelig belønning.

Uanset, hvor lidt du har, men gør det godt i forhold til den forbindelse, der er mellem dig og Skaberen af dit liv, så har du alt.

Du tror, at du er svag. At du ikke er elsket. At du bliver misforstået, når alt er ved at falde sammen. Virkeligheden er, at du er en rose, som er ved at blomstre.

Det er et symbol på, at du er ved at gå igennem en proces, hvor du kommer tættere på den retning, hvor du bliver utrolig smuk, men også mentalt udvokset.

Det skridt du tager mod dig selv og din samvittighed, er den vigtigste. Du vil indse, hvorfor det var svært for dig at tage det skridt. Det er det sværeste og smukkeste skridt. Du vil støtte op mod dig selv og finde en balance mellem at acceptere dig selv og din omgivelser

Hver visdom fungerer som bogstaver, der skal fuldende vores
ord, der hedder livet

Det kræver kun et valg for at finde en retning, mens det kun også kræver et forkert valg for at miste fokus. Det er kun et valg, så vær opmærksom

Da vi var små troede vi, at vores liv kun var baseret på at få kærlighed og respekt fra alle. Det viste sig, at der er et behov for en kamp for at mærke betydningen af livet. Livet er en kamp i sig selv

Vi vinder, og vi mister for en sag, og det er at komme tilbage

til den forbindelse, der er mellem os og vores Skaber

Reflekter over, hvad det betyder at være dig, og hvad det betyder for hende eller ham at være sig selv. Betyder det ikke, at der skal være plads til forskellighed. Betyder det ikke, at det er originalt at være sig selv.

Mennesket er et vigtigt væsen, der med alt sin kraft kan skabe en stor ændring

Kan du se med dine smukke øjne, hvor meget der er givet til dig? Kan du se, hvor meget vi tager for givet? Kan du se, at det kun kræver et smil for at mærke ind i hjertet, hvad sødmen af taknemmeligheden er

Et menneske kan også være et hjemland, man søger tilbage til,

når man ikke har følt sig velkommen hos et andet menneske

Et håb om i morgen er det største, vi kan håbe for. Et håb om den næste indånding, er det håb, der kommer til at have den største sprinklende lys

Rigdom er noget helt andet end det, som vi beskriver det med.
Rigdom er,

at man er sund og rask

at man er et menneske, der aldrig har skadet nogen

at man har mad på bordet

at man har forældre

at man er elsket

at man kan stå fast i sine værdier

at man kan, har og er, er rigdommen

Der er altid noget godt i det dårlige. Der er altid noget dårligt i det gode. Det handler om, hvor man kigger henne. Det handler om, hvor man sætter sin lid henne, da det gode kan ende, som noget dårligt, eller det dårlige kan ende som noget godt

Problemet i dag,

At vi nyder at bagtale folk uden at tænke på, hvor meget vi vil lide, når dagen vil komme

At vi nyder at bruge tomme ord uden at tænke på, hvilken påvirkning, vi sætter bag os, og hvor meget vi vil lide, når dagen vil komme

At vi nyder at lyve uden at tænke på, at alt det vi sætter bag os, det er noget, som vil komme tilbage til os, og hvor meget vi vil lide, når dagen vil komme

At vi nyder at leve livet uden at egentligt at have en eneste tanke om, hvorfor vi er her, og det får os til at miste fokus, og vi vil lide uden en mening, når dagen kommer

Problemet i dag er,

At vi ikke bruger tiden til at tænke på vores eksistens,

At vi ikke bruger tiden til at være tålmodige,

At vi ikke dækker over vores medmennesker

At vi ikke tænker på vores menneskelige kraft, som kan ændre hele menneskeheden

At vi ikke tænker på, at vi er her for en grund, og det er at komme tilbage til vores natur, da vi stod på vores barnsben

Dagen i dag ligger mellem vores hænder, men i morgen er ikke lovet. Tænk på det, som ligger mellem vores hænder. Den ene sekund ligger mellem vores hænder, men den næste er ikke lovet. Tænk på det, som ligger mellem hver indånding.

Det ene ord kan blive sagt, men det andet kan måske ikke blive sagt. Tænk grundigt over, hvad der bliver sagt. Den ene handling er gjort, men det kan være, at du ikke kan gøre noget i det næste sekund, så tænk på dine handlinger.

Du har muligheden, men tænk grundigt over chancen.

Forståelse indavler intentioner

Pres indavler frygt

Intentionen indavler vaner

Frygt indavler vaner

Det er samme resultater med forskellige indsigter

Vanerne ved intentionen er en stor størrelse, som vil vokse

Vanerne ved pres er en lille størrelse, som vil smuldre

At indhente drømmene er let, men at fastholde dem er sværere. Processen starter, når du lever med drømmen mellem dine hænder

Dine drømme er et budskab, som er velsignet blevet sendt ned til dig fra Gud, og som skal være en byrde i din skulder, at det er på den måde, at du kommer til at ændre en verden på. Drømmene er en del af forbindelsen, der er mellem dig og din Skaber

Problemet er ikke problemet, for det kan vi alle komme igennem, men det er måden, der kan være som kniven, der er skarp, som kan ødelægge alle minder og ord, der ligger kært i hjertet

Vi har en længsel over at være perfekt. Vi har en længsel over at blive elsket, for at føle os elsket, men virkeligheden er, at føle sig elsket er så en dyrebar ting, at det skal være sandt, for ellers bliver ens hjerte knust af den falske kærlighed, som vi har bedt om

Nogle gange bliver vi nødt til at holde afstand fra mennesker, ikke at vi ikke er til stede, men lad forbindelsen være stabilt, så det ikke ender med ødelæggelse af forholdet.

Når hændelsen er ude, at du skal være tæt på, vær tæt på i dine handlinger, da det er det eneste, som det kræver af os som mennesker. Det er de eneste minder, som vi kommer til at forlade, når vi ikke er her længere.

Gladest er den, som støtter sig op mod sig selv og sine værdier

Lad dit sind vokse, lad dine tanker udvide sig, lev livet som om, der aldrig er sket noget, for det er dit liv, som du selv har ansvaret for.

Elsk, hvis du stopper med at elske, forlad. Forstå, hvis du ikke kan forstå, så spørg. Så simpelt er det.

Kærligheden er som en kamp, der ikke har en ende.

> Når der sker en misforståelse, prøv at give hinanden luft for at forklare.
>
> Når der er en tid, hvor alt er som en dans mellem roser, tak Gud for det.
>
> Når der pludselig er en kløft, prøv at bestige kløften sammen

Kærligheden er ikke en dans mellem roser. Kærligheden er ikke i overensstemmelse med lethed. Det er en kamp, der ikke har en ende

Vi mennesker sætter altid os selv i en boks ved at opfange titler såsom dr., mrs., jurist, frivillig og meget mere. I virkeligheden er vi kun et menneske under titlerne, der opnår større inderlig styrke, og opnår en grund til at så noget på den kærlige jord for at give noget til menneskeheden.

Lad os se på hinanden i menneskehøjde. Det er ikke nemt at stå op hver dag for at give noget, da det kræver tålmodighed. Det kræver dage, hvor alt nærmest falder sammen. Det kræver dage, hvor man nærmest ikke er i nærheden, når der er et krav på det.

De dage, hvor du vågner op med en byrde i skulderen er et billede på, at du har en inderlig styrke, som du har brugt dagevis at opbygge. Det er tværtimod ikke et tegn på svaghed, for du vil komme igennem, og du vil blive stolt af alt det, som

du har opnået. Guds barmhjertighed er tæt på, som vil komme til syne, når der er allermest brug for det.

Du skal ikke føle, at det, som står på "din pas" skal definere, hvem du er.

Du er en pige, du er en datter, du er en søster

Du er en dreng, du er en søn, du er en bror

Du er en klassekammerat, du er en elev

Du er et menneske,

du er en mor eller far i fremtiden

Du er, hvad du er i færd med. Du kan give god plads til at være en god søn eller datter, som du giver god plads til at være en klassekammerat og elev

Du kan give god plads til at være et godt menneske, som du giver god plads til at finde din plads som samfundsborger

Alle mennesker har den samme start og den samme afslutning, som er fødslen og døden. Det som sker, når vi vågner oppe efter døden, er helt afmålt på, hvem du var, og hvad du gjorde, altså alt det, der var imellem.

Vi skal derfor lade være med afmåle os selv på, hvor smukke vi er, hvor mange venner, vi har, hvordan vores omgivelser var og så videre.

Smukheden ved ungdommen vil blive afhentet af alderdommen og rynker. Antallet af venner vil falde, jo længere vi kommer ind i livet. Vores omgivelser ændres af, hvad der ligger i vores sind, og hvor meget vi sluger meningen af livet til os.

Lad os afmåle os selv på det menneskelige og det værdimæssige

Taknemmelighed er en størrelse, der altid finder sted, for at det kaldes for taknemmeligheden

44

En rejse i livet er en destination fra, at man bliver styret af, hvad der sker i ens omgivelser til, man finder en mening i livet, og finder sin plads i sin menneskelige værdi. Nogle gange når man enden af rejsen, eller når man den ikke. Det er en rejse gennem årene.

Livet er som en cirkel, der bliver større med tiden. Størrelsen bliver styret af den hensigt, vi sætter os, når vi skal tage den næste skridt i livet

Vi håber. Vi beder. Vi kæmper. En ting, som vi ønsker os, får os til at håbe, at bede og at kæmpe. Hvad med at tænke på, at håb, tilbedelse og en kamp er en del af vores liv, for det er, hvad vi er. Vi har behov for at håbe, at bede og at kæmpe for at føle, at vi lever. Det er de ting, som får os til at fremstå som mennesker, det er ikke den ting, som vi ønsker os. Alt ting er en forbindelse til at udføre håb, kamp og tilbedelse.

En del af os selv har en høj stemme, lad os give den genlyd.
Den stemme kan ændre en del. Det første, som det ændrer, er
os selv.

Vi knytter for meget til det, vi ser med vores øjne, hvor vi i
virkeligheden skal knytte os til det, vi ser med vores sind

Vi har enhver af os sikkert set, de små græsstrå der gror mellem asfalten, hvor vi umuligt kan finde en forklaring på det.

Virkeligheden er, at det er et budskab, at den byrde vi bærer på vores skuldre, vil snart lette, da vi bærer på ordet "håb" i vores tunger, der letter vores hjerte om en bedre stund inden for den nærmeste sekund

Den proces sker i vores sind

Den måde, vi bliver opdraget på, er forskelligt. Dog er den rejse, vi er på ens, men det er med forskellige opfattelser. Inderst inde er vi dog ens, som bliver udtrykt på forskellige måder.

Rejsen er ens. Opfattelsen er forskelligt.
Medmenneskeligheden er ens. Den måde vi udtrykker det på er forskelligt.

Ikke alle mennesker er heldige at blive født med hele kroppen. Lige pludseligt opfattes de svage, hvor vi får den trang til at være overlegen, i virkeligheden har de den styrke til at bekæmpe det, vi ser med vores øjne. Vi har også vores egne kampe, som ikke ses med øjnene, men vi vil blive opfattes som svage, hvis de bliver set.

Fysisk kamp er en måde for det enkelte menneske at overgå livet på.

Mentale kamp er en måde for det enkelte menneske at overgå livet på.

Hver ting og kamp er en måde at komme tilbage til den natur, vi var i, da vi stod på vores barnsben

Mennesket ser på dig med dets sind.

Der er nogen, som har det svært ved at acceptere den måde, som du tager imod dem på.

Der er nogen, som får deres hjerte til at banke af glæde, når du tager imod dem på.

Det er ikke dig, som er problemet, da de stadig ikke har opfattet rejsen

De svære valg i livet fungerer som pensler, der er med til at skabe det smukkeste maleri

Det er svært, men resultatet er forrygende

Vi har et skærpet fokus, når vi har en drøm. Vi glemmer alt,
som er omkring os. Vi glemmer alt andet, som kan redde os,
hvis vi falder sammen

For vores vedkommende er de fleste af vores destinationer således: Os til en ting eller følelse. Vi planlægger os frem til enden. Virkeligheden er, at tingen eller følelsen er ikke menneskelige, derfor bliver vi nødt til at gå igennem en lang proces for at bevare den menneskelige værdi.

En ting eller en følelse er kun en del af processen

Den eneste styrke vi har i vores liv er, at vi kender vores værdi. Der kan vi stå alene, hvis alt lige pludselig går imod os. Der kan vi vælge et fællesskab, hvor vi kan sige fra. Alt handler om, hvad der er rigtigt og forkert

Et menneske kan være som en nation, der kan styrke dig med
alt dets viden og udviklingsproces

58

Et menneske kan ikke blive defineret ud fra et forhold. Forholdet mellem dig og det enkelte menneske skal ikke skabe et ondt hjerte eller sind.

Se på mennesket, som et menneske med værdighed, der har lov til at hele fra sine fejl. Et menneske, der har lov til at undskylde for at modtage tilgivelse, som letter hjertet og styrker medmenneskeligheden i vedkommende.

Dine evner er som en gave, der er sendt ned til dig fra Gud, så du enten kan bruge det for noget godt eller dårligt.

Menneskets evne med at tænke kombineret med dets særlige evner, er en kombination af, hvordan du kommer til udtryk.

Hvilken retning skal livets tog køre hen imod - fremad eller baglæns

Kig fremad, og lær fra fortiden. Det er den eneste tidspunkt, hvor du skal kigge baglæns

Tanken bag tingene har aldrig været forkert, men det er måden, vi håndterer det på, der altid skal blive vurderet.

Tanken findes, men hvordan vi håndterer den, er op til os. Evnen er der, men hvordan bruger vi den?

Det er ikke ment, at du skal gemme dig i mængden, når det er
ment, at du skal fremstå anderledes

Du skal stå frem, for det er dig

Vær det menneske, som mennesker drømmer om, det menneske, der får alt de gode ting ud af dem

Det menneske som står foran dig, er som et spejlbillede af,
hvad der kan blive hændt mellem jer.

Pas godt på dit hjerte og sind, før du går henne for at hjælpe,
for dit hjerte og sind skal være stærk, som en løve, for at du
kan række din ene hånd frem

Lad dine evner være en måde at råbe til den kære verden på

Den eneste i verden, som har brug for dig, er det barn, som vil komme løbende hen imod dig

Bliv stærk, bliv moden, bliv ansvarsfuld for det bliver, som et hus, der kommer til at beskytte barnet. Vær der for barnet, som du endnu ikke har mødt - det barn som vil bære dit blod.

Skæbnen er det, vi lever i dag. Det kunne have været anderledes, hvis vi kom dybere ind i os selv, og har fundet en anden retning. Det er også en del af skæbnen.

FSC
www.fsc.org
MIX
Papir fra
ansvarlige kilder
Paper from
responsible sources
FSC® C105338